헬렌 켈러의
3일만 볼 수 있다면

헬렌 켈러의
3일만 볼수 있다면

헬렌 켈러 원작
고정욱 엮음 | 이성희 그림

크래들

작가의 말

최고의 에세이를 소개합니다

"3일만 볼 수 있다면"은 듣지 못하고 볼 수도 없으며,
말도 제대로 하지 못하는 세 가지 장애를 동시에 가진
헬렌 켈러가 쓴 에세이예요.

우리는 보통 헬렌 켈러를 그저 장애를 이겨 낸
장애인 운동가로만 알고 있는데,
사실은 뛰어난 작가이자 교육자였답니다.

헬렌 켈러는 사회적 약자인 장애인을 지원하는 운동을 하고,
여성과 노동자를 위한 운동에 앞장서는 등
많은 활동을 하였습니다.

타자기로 쓴 이 글은 앞을 못 보는 헬렌 켈러가
3일 동안 기적적으로 볼 수 있게 된다면
무엇을 보고 싶은지를 생각하며 쓴 글입니다.

1933년 발표된 이 글은
세계적인 잡지, 《리더스 다이제스트》에서
20세기 최고의 에세이로 선정했습니다.

뛰어난 문장과 묘사, 그리고 삶에 대한 애정으로
자신이 가진 것에 대한 감사를 느끼게 해 주는
감동적인 글입니다.

이 글을 어린이 여러분들이 읽고
자신의 꿈을 좀 더 소중하게 가꾸고,
훌륭한 어른으로 성장하여,
존경받는 위인이 되기를 바라는 마음으로
이해하기 쉽게 다시 고쳐 썼습니다.

아무쪼록
장애 없는 삶이 얼마나 행복한 것인지 깨닫고,
더 나아가 장애인들을 배려하고
이해하는 사람들이 많아진,
더불어 사는 세상을

사랑하는 우리 어린이들이
만들어 주길 부탁해 봅니다.

2017년 여름에
고정욱

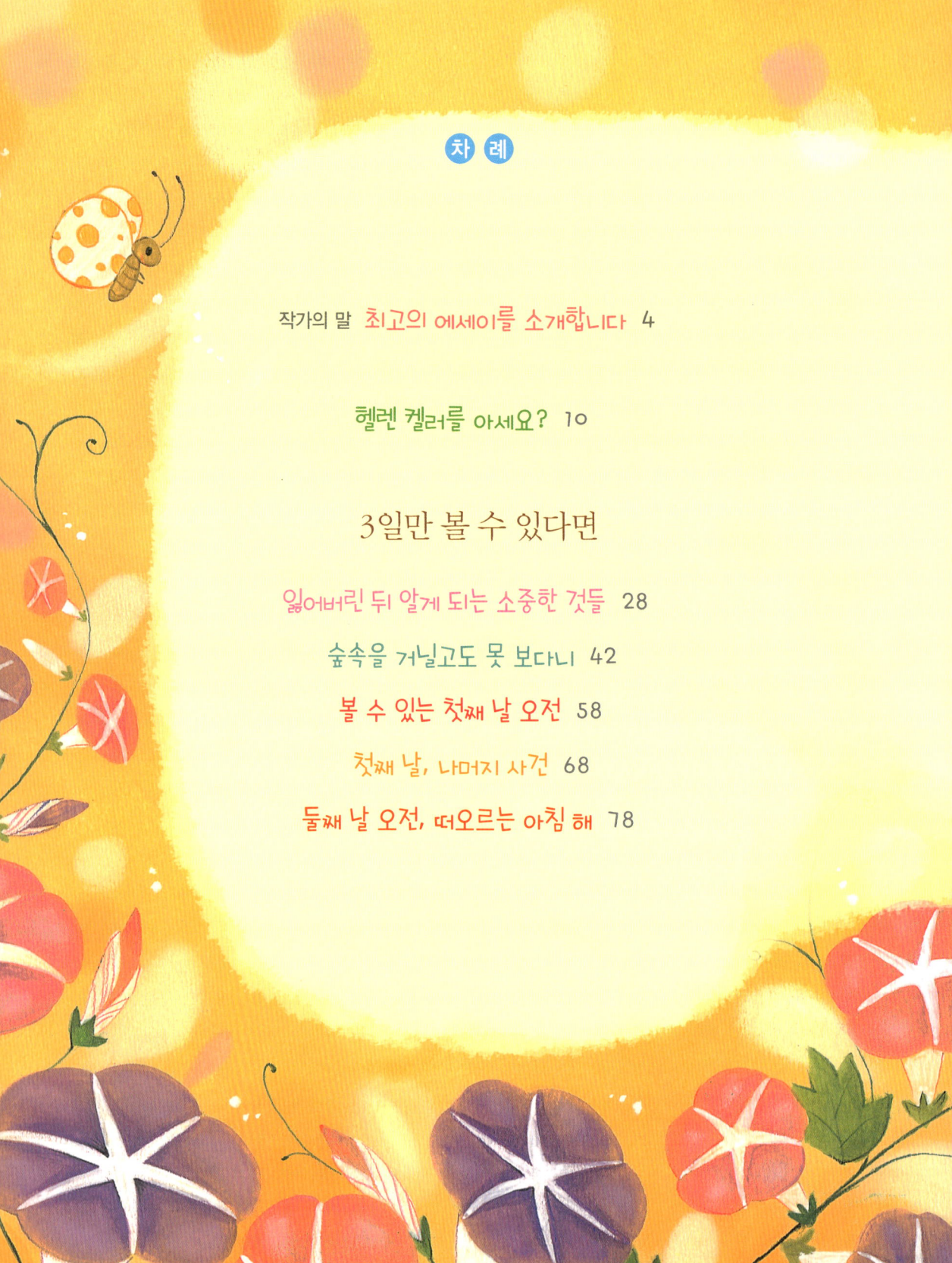

차례

작가의 말 최고의 에세이를 소개합니다 4

헬렌 켈러를 아세요? 10

3일만 볼 수 있다면

잃어버린 뒤 알게 되는 소중한 것들 28
숲속을 거닐고도 못 보다니 42
볼 수 있는 첫째 날 오전 58
첫째 날, 나머지 사건 68
둘째 날 오전, 떠오르는 아침 해 78

둘째 날 오후, 아름다운 연극 90

셋째 날 오전, 뉴욕 시내 한복판 98

셋째 날 오후, 코미디를 보면서 110

어린이 여러분의 행복 116

후기 고정욱 선생님의 3일만 걸을 수 있다면 127

부록 헬렌 켈러의 아름다운 삶 148

헬렌 켈러를 아세요?

어린이 여러분 안녕하세요?
나는 헬렌 켈러예요.
이렇게 어린이 여러분들과 만나게 되어서 정말 기뻐요.
이 책을 읽는 어린이들은 대부분 앞을 볼 수 있고,

말할 수 있고, 들을 수 있겠지요?
그건 정말 행복한 일이랍니다.

그러면 나는 어떨까요?
나는 세 가지 장애를 가진 사람이에요.
말할 수도 없고, 들을 수도 없고, 볼 수도 없어요.

그러면 똘똘한 어린이들은 바로 궁금증이 생기겠지요?
그런 사람이 어떻게 이런 책을 썼냐고요?
하하! 좋은 질문이에요.

지금부터 내 소개를 할 테니 잘 들어 보세요.

나는 1880년 6월 27일 미국의 앨라배마 주
터스컴비아라는 곳에서 태어났어요.
태어날 때는 지극히 정상적이고
건강한 아이였답니다.

그런데 태어난 지 19개월쯤 되었을 때
갑자기 성홍열이라는 무서운 열병에 걸렸어요.
그 열병 때문에 뇌에 출혈이 생기고
결국은 앞을 못 보고, 듣거나 말하지도 못하게 되었지요.
대개 듣지 못하게 되면 말도 하지 못한답니다.

19개월이라면 아직 말을 배우기도 전인데
나는 그만 어둠 속에 갇혀 버리고 만 거예요.
엄마 아빠가 사랑한다는 말을 해도 알아들을 수가 없고,
이 세상을 볼 수 없으니
세상이 어떻게 생겼는지도 알지 못하죠.
그래서 집에서 생활하는데 뜻대로 되지 않을 때에는
마구 화를 내고 난동을 부리는 아이이기도 했답니다.

그때 우리 어머니는 나를 이대로 두어서는
안 되겠다는 생각을 하셨어요.
그래서 나 같은 장애인이 어떻게 공부할 수 있을까를
생각한 끝에 전화기를 발명하신
알렉산더 그레이엄 벨 선생님에게 부탁을 했어요.

벨 선생님은 장애인 교육에 관심이 많은 분이셨답니다.
벨 박사님은 나와 평생을 함께 하신 설리번 선생님을
소개해 주셨어요.

설리번 선생님은
퍼킨스 시각 장애 학교를 우등으로 졸업하신
아주 총명한 선생님이었어요.
선생님도 역시 약간의 시각 장애를 가지고 계신데
나를 교육시켜 보겠다고 결심하신 것이지요.

내가 일곱 살이 되던 1887년에 우리 집에 오셔서
나를 가르치기 시작하셨답니다.

하지만 내가 세 가지 장애를 가지고 있으니
무엇을 어떻게 가르쳐야 할지 알 수가 없었지요.
그래도 선생님은 손가락으로
알파벳 A, B, C를 먼저 가르치셨어요.
그게 무슨 뜻인지도 모르고 나는 따라 했지요.

선생님은 그게 놀이가 아닌 문자이며
그걸 통해서 이 세상의 모든 물건에는
이름이 붙어 있다는 것을 알려 주기 위해 무척 노력했답니다.

그런데 아무리 가르쳐도 내가 깨닫지 못하니까
어느 날 선생님은 우물에 가서 펌프로 물을 퍼 주면서
그것이 물(water)이라는 걸 일깨워 주셨어요.

그 순간 나는 그것이 물이라는 이름을 가졌다는 걸 깨닫게 되었고,
그날 하루 동안 무려 수십 개의 단어를 익혔답니다.

그 뒤로는 단어를 알고 사물을 알게 되면서
빠르게 언어를 익혔어요.
그래서 여덟 살 때 나는 퍼킨스 시각 장애 학교에 들어갔고
그곳에서 교육을 받았지요.

1900년 나는 마침내 미국 최고의 여자 대학교
래드클리프에 입학을 하게 되었어요.

4년 만에 이 대학을 졸업하는 데 큰 도움을 주신 분이 있어요.
그분은 바로 나와 늘 함께 하시는 설리번 선생님이지요.

선생님은 나를 가르친 뒤에도
끝까지 나의 동반자가 되어 주셨어요.

공부할 때면 항상 곁에서 수업을 함께 듣고 그 내용을
나에게 알려 주셔서 내가 이해할 수 있도록 해 주셨답니다.

내가 졸업한 래드클리프 대학은
나중에 하버드 대학교와 합쳐집니다.
그래서 하버드 대학교 사람들은
나를 대학교의 선배로 자랑스러워하지요.

많은 사람들은 내가 장애인인 줄로만 알고 있지만
사실 나는 학교를 졸업한 뒤 사회 활동을 열심히 했어요.

사회적으로 힘이 약한 장애인과 여성,
그리고 노동자들의 행복한 삶을 위해서
많은 인권 운동을 했습니다.

대표적으로 여성과 장애인들을 위한 인권 운동을 많이 했어요.
장애인이나 여성들도 정치에 참여할 수 있어야 하고,
노동자들 또한 자신들의 권리를 찾기 위하여
적극적으로 나서야 한다는 주장도 했지요.

그뿐만 아니라 나는 세계를 여행하며 강연회도 많이 했답니다.
일본에 갔을 때에는
그 당시 일본의 식민지였던 한국도 방문한 적이 있어요.

나는 비록 장애를 가졌지만
장애인이 편안하게 살 수 있는 세상,
장애인들이 차별받지 않는 세상을 만들기 위해
인종 차별과 장애인 차별에 반대해서 열심히 일했답니다.
그리고 글도 많이 썼어요.

자서전도 썼고, 다양한 글들을 발표해서
사람들에게 큰 감동을 주었어요.
장애인인 내가 교육을 통해 얼마든지

감동적인 글을 쓸 수 있게 되었다는 사실도 알려 주었고요.

여러분이 이번에 읽게 될 이 책 《3일만 볼 수 있다면》도
그렇게 해서 쓴 글이지요.

나는 살아 있을 때 12권의 책을 출판했고,
에세이와 기사 등도 많이 썼답니다.
그 뒤 사람들은 나를 높게 평가해서 대통령 훈장도 수여했고,
1965년에는 '미국 여성 명예의 전당'에
이름을 올리기도 했어요.

죽는 날까지 미국 시각장애인 재단의
기부 활성화를 위해 노력했고,
맹인 재단을 후원하는 일에도 최선을 다했답니다.
내가 죽고 난 뒤에는 나를 다룬 영화도 많이 만들어졌어요.

나는 1968년에 죽었는데 나와 함께 살았던 설리번 선생님,
폴리 톰슨과 함께 워싱턴 국립 대성당에 묻혀 있어요.

내가 죽은 뒤에도 많은 사람들은 나를 잊지 못하고 있어요.

1999년에는 갤럽이 선정한 20세기 가장 존경받는 인물
18명 가운데 한 사람이 되었답니다.
앨라배마 주는 25센트 동전에 나를 새겨 넣기도 했지요.

지금도 수많은 장애인들은 나를 존경의 대상,
멘토로 삼으며 이 세상의 편견과 싸워 이겨 내려 애쓰고 있어요.

이 글을 읽게 되면
어린이 여러분도 장애 없이 이 땅에서 산다는 것이
얼마나 행복한 일인지 깨닫게 될 거예요.

남보다 더 행복한 사람은 그만큼
자신보다 행복하지 못한 사람을 위해 봉사하고,
더 열심히 노력해야 한다는 사실을
절대 잊지 말았으면 좋겠습니다.

3일만 볼 수 있다면

잃어버린 뒤 알게 되는 소중한 것들

어린이 여러분들은 드라마나 영화에서 주인공이 암이나
백혈병에 걸려 얼마 살지 못하는 장면을 많이 보았을 거예요.
아니면, 소설이나 동화에서 죽음을 앞둔 주인공에 대한
손에 땀을 쥐게 만드는 이야기들을 읽었을 거예요.

그런 이야기에서는 주인공들이 살 수 있는 시간이
길어야 몇 년, 짧으면 겨우 하루예요.
그런 경우에 어린이 여러분들은 어떤 생각이 들던가요?
그 남은 시간 동안 주인공들이 어떻게 살까 무척 궁금했을 거예요.

그럴 경우에는 주인공들이 자기가 하고 싶은 일을
마음껏 할 수 있도록 해 줘야 해요.

물론 죄수라든가 어디에 갇혀 있는 사람은 안 되겠지만요.

그런 이야기를 읽다 보면 흥미진진하게 내용에 빠져들고,
내가 그렇게 되면 어떻게 할까 생각해 본 적도 있을 거예요.
우리는 모두 살아서 숨쉬고 있는데, 우리가 만일
마지막 시간을 보내야 한다면 어떻게 해야 할까요?

그 짧은 시간 동안 어떤 일을 하고 누구를 만나며
무엇을 경험해야 할까요?
지나간 시간을 돌이켜 보면 행복한 일은 무엇이었고,
후회되는 일은 무엇이었을까요?

나는 가끔 생각해 봐요.
매일 내가 내일 죽음을 맞을지도 모르는 사람이라고 생각하면서
사는 건 어떨까 하고요.
그건 아주 좋을 거예요.
왜냐하면 삶이 정말 소중하다는 것을 느낄 수 있을 테니까요.

우리 어린이들은 늘 활기차고 신나게 하루하루를 살고 있지요.
앞으로 어른이 되고 결혼해서 아빠나 엄마도 되고,
할머니 할아버지가 되려면 많은 시간이 남았다고 생각하겠지요.
그럴 때 종종 오늘 하루가 얼마나 소중한지 잊어버릴 거예요.

공부도 하지 않고 신나게 게임을 하고,
즐겁게 노는 게 최고라고 생각하는 친구들도 있을 거예요.
그렇지만 모든 사람들은 언젠가 닥쳐올 죽음,
사랑하는 사람들과의 이별을 생각해 봐야 합니다.

드라마나 영화나 동화책을 보면 주인공들은
그냥 죽기도 하지만, 대부분은 구원을 받아요.
구원을 받게 되는 건 힘센 용사나
정의의 마법사가 나타나서이기도 하지만,
대부분은 그 주인공이 다른 사람으로 변하기 때문이지요.

변한다고 해서 변신이나 둔갑을 말하는 건 절대 아니에요.
생각을 바꾸는 거죠.

다시 말하면, 자기가 그동안 살아 왔던 삶이
잘못되었다는 것을 깨닫거나
아니면 그동안 생각하지 못했던 것을 깊이 느끼는 거예요.

우리는 가끔 암에 걸리거나 불치병에 걸린 사람이
환한 얼굴을 하고 있는 걸 볼 수 있어요.
또 장애를 가진 사람이 행복하다고 말하는 것도
볼 수 있어요.

그 사람들은 자신에게 주어진 짧은 삶을
소중하게 여기며 최선을 다해서 노력하며
살아가기 때문에 환한 얼굴로
행복하다고 말합니다.

여전히 어린이들 대부분은 매일 자고 일어나서
밥 먹고 학교에 가고 공부를 하고 친구들하고 노는
지금 이 생활을 당연하게 받아들일 거예요.

언젠가 죽는다는 건 알지요.
하지만 그것은 나와 상관없는 멀고 먼
훗날의 일이라고 생각하기 쉬워요.

그런데다가 건강하고 활기찬 어린이들이라면
죽는다는 건 상상도 못하죠.

물론 어린이가 그렇게 심각하게 죽음을 생각한다면
그게 또 오히려 이상한 일일 거예요.
그러다 보니 어린이들은 하루 종일 게임을 하거나
잠을 자거나, 쓸데없는 일로 시간을 보내면서
사람이 늙어 가고 죽음에 이르는 것에는
아무런 관심이 없는 경우가 많아요.

어른들은 그런 아이들에게
천진난만하다거나 어린아이답다고 말하겠지만,
그런 것들이 자꾸 이어지면 자기가 가지고 있는
재능을 발휘하지 못할 수도 있어요.

노력해서 재능을 갈고 닦아 활용해야 하는데
시간을 쓸데없는 곳에 써 버렸기 때문이에요.

그런데다가 자기가 느낄 수 있는,
보거나, 만지거나, 듣거나 하는 감각도 둔하게 만들지요.

듣는 게 얼마나 고마운지 아는 사람은 누구일까요?
그건 바로 한 번도 소리를 들어 본 적 없는 청각장애인들이에요.

그러면 볼 수 있다는 게 얼마나 큰 축복이고 기쁨인지

아는 사람은 누구일까요?

맞아요, 그건 바로 시각장애인이지요.

선천적으로 장애가 있는 사람보다도

잘 듣거나 잘 보던 사람이 장애인이 되면 더 괴롭겠죠.

장애가 없다가 생기면, 그런 감각이 소중하다는 것을

더욱 잘 알 거예요.

한 번도 감각을 잃어버린 적이 없는 어린이들은

그게 얼마나 고마운 일인지 잘 몰라요.

그뿐만 아니라 그 능력도 제대로 발휘하지 못한답니다.

매일 보는 걸 당연하게 생각하고,

듣는 것도 당연하게 생각해요.

그냥 무덤덤하게 집중하지도 않고 감사해하지도 않죠.

눈앞에 보이는 걸 그냥 생각 없이 보고,

들리는 소리도 아무 생각 없이 그냥 들어요.

이러니까 가진 것을 잃어버리기 전까지는
소중한 것을 잘 몰라요.
병에 걸리거나 장애를 입고 나서야
비로소 무릎을 치고 후회한답니다.

아, 건강이 이렇게 소중한 거였구나!
하고요.

나는 어린이들이 며칠 동안만이라도
시각장애인이 되어 보거나 청각장애인이 되어 보면
어떤 반응을 보일지 생각해 봤어요.
깜깜한 데 있어 봐야 환한 걸 볼 수 있다는 게
얼마나 고마운 일인지 잘 알 거예요.

또 아무 소리도 안 들리는 곳에 있어 봐야
시끌벅적한 소리를 듣는 게 얼마나 기쁜 일인지 알게 될 거예요.
그걸 실감하게 된다는 건 큰 축복이라고 할 수 있어요.

 **장애인은 누구일까요?**

장애인은 어떤 사람일까요? 몸이 불편한 사람, 정신이 온전치 못한 사람 등 우리는 떠오르는 대로 이야기할 수 있습니다. 하지만 몸이 잠시 불편한 사람도 장애인일까요? 정신이 온전치 못한 건 어느 정도가 돼야 장애인일까요?

1975년 유엔에서는 장애인을 이렇게 정했습니다.
 장애인: 선천적이거나 후천적이거나 신체적으로나 정신적으로 능력이 불안한 사람, 생활하면서 필요한 것을 스스로 완전히 확보할 수 없거나 부분적으로 확보할 수 없는 사람

이건 다시 말해 날 때부터 장애를 가졌거나 살면서 나중에 신체나 정신에 문제가 생긴 사람을 말합니다. 그래서 뭘 하려고

해도 못 하거나, 아주 조금만 할 수 있는 사람이라는 뜻입니다.

그런데 시간이 지나니까 이렇게 정한 것이 잘 맞지 않았습니다. 1980년 무렵에는 신체적 장애에다가 활동성이 부족하거나 능력이 부족한 것을, '능력장애'라고 불렀습니다. 그리고 또 다른 여러 이유로 정상적인 생활을 못 하는 사람을 '사회적 장애인'이라고 정했습니다.

그러다가 1990년도에는 장애를 세 가지 면에서 파악하게 되었습니다. '손상'과 '활동'과 '참여'의 세 차원으로 장애를 설명한 것입니다. 이 세 가지 가운데 하나도 문제가 없어야 비장애인인 것입니다. 몸은 멀쩡해도 다른 문제로 사회적인 역할을 수행하지 못하면 장애인인 것이고, 살면서 어떤 문제가 계속 발생하는 사람은 다 장애인이 되는 것입니다.

숲속을 거닐고도 못 보다니

나는 가끔 어린이들에게 물어 봐요.
어린이들이 무엇을 관심 있게 보는지 궁금하거든요.

얼마 전 숲속을 걷고 온 꼬마 친구를 만났어요.
그 친구는 숲속에서 한참 뛰어놀다가 왔답니다.

"애야, 숲에서 무엇을 보았니?"
"음……, 별로 본 게 없는데요."

나는 깜짝 놀랐어요.
숲을 이리저리 돌아다니고 와서 별로 본 게 없다니요.

하지만 이내 그럴 수도 있겠다는 생각이 들었어요.
왜냐하면 다른 꼬마들도 마찬가지로
특별히 본 게 없다고 말했거든요.

그래서 나는 알았답니다.
눈이 멀쩡해서 앞을 잘 보는 사람들도 실제로는 신경 써서
눈여겨보는 게 별로 없다는 사실을요.

어떻게 한 시간 동안이나 숲속에서 거닐다 왔는데
별로 본 게 없다고 말할 수 있을까요?

앞을 볼 수도 없고, 말도 하지 못하고, 듣지도 못하지만
나도 숲에는 가 봤답니다.

나는 만지는 것만으로도 숲속에서 흥미로운 것들을
수백 가지나 찾아낼 수 있었어요.

나뭇잎을 만져 보면 그것이 얼마나 예쁜데요.

큰 것, 작은 것, 동그란 것, 삐죽삐죽한 것 등 생김새도 다양하고
촉감도 까칠까칠한 것부터 부드러운 것, 반들반들한 것 등
수백, 수천 가지가 넘어요.

나무도 마찬가지예요.

자작나무를 만져 보면 껍질이 부드러운데,

소나무는 거칠거칠해요.

나무마다 다 촉감이 다르답니다.

나는 그런 것들을 다 만져서 느낄 수 있어요.

또 봄이 되면 숲이 겨울잠에서 깨어나지요.

그 첫 신호가 바로 나무에서 싹트는 새싹, 새순이에요.

새순을 찾아서 살살 쓰다듬어 보면

얼마나 신기한지 몰라요.

꽃송이를 만져 보면 매우 부드럽죠.

그 꽃송이를 쓰다듬으면 정말 기쁘답니다.

이렇게 자연은 온통 신기하고 놀라운 것들로 가득 차 있어요.

그걸 나는 손으로 만져서 다 알 수 있는 거죠.

게다가 가끔 운이 좋으면 정말 아름다운 소리로

노래하는 산새의 지저귐을 나무가 듣고서

행복해서 흔들리는 것도 느낄 수 있어요.

물론 내가 산새 소리를 듣지는 못하지만,
나무가 듣고 나에게 떨림으로 전해 준답니다.

또 시냇물에 손을 담그면
시원하게 흐르는 느낌이 손으로 전해집니다.

솔잎이나 낙엽이 쌓인 곳을 밟으면
푹신푹신해요.

잔디를 밟는 것도 매우 기쁘지요.
부드럽고 화려한 페르시아 양탄자보다
더 부드럽기 때문이에요.
이렇게 숲은 봄, 여름, 가을, 겨울이 끊임없이 변화하면서
나에게 가슴 벅찬 드라마로 다가오는데
그 모습은 모두 다 내 손가락 끝으로 만져 보고 아는 거예요.

그럴 때 나는 생각하죠.
아, 내가 이걸 볼 수 있으면 얼마나 좋을까!

만져만 봐도 이렇게 기쁘고 큰 즐거움을 주는데,
눈으로 보면 얼마나 아름다울까!

그런데 눈을 가지고 잘 볼 수 있는 사람들은
그런 아름다움을 제대로 보지 못하더군요.

세상에 가득 찬 울긋불긋한 색깔과
아름다운 율동을 잘 못 보는 것 같아요.

본다 하더라도 그냥 당연한 것으로 알고
자기가 잘 볼 수 있는 눈을 가진 것을 감사할 줄도 모르지요.

정작 그걸 갖고 있지 못한 사람들은
얼마나 갖고 싶어 하는지 모릅니다.

그게 바로 인간인가 봐요.

빛으로 가득 찬 세상에서 눈으로 볼 수 있다는 것을
사람들은 그저 편리한 도구로만 사용하고 있어요.
그 커다란 선물에 대해 기뻐하거나
자기 삶을 더욱 풍요롭게 하지 않고요.
이 얼마나 안타까워요?

내가 만일 학교 교장 선생님이라면 국어, 영어, 수학보다
'눈을 사용하는 법'이라는 과목을
더 중요하게 가르치도록 하겠어요.

사람들이 아무 생각 없이 지나치는 것들을
정말 잘 볼 수 있게 가르치는 거예요.
그러면 삶이 얼마나 아름답고
즐거운 것인지 잘 알게 되겠죠?

보는 거나 듣는 거나 말하는 것 등

모든 감각이 아주 활발하게 살아날 테니까요.
내가 만약 3일만이라도 앞을 볼 수 있다면
얼마나 좋을까요?

상상만 해도 가슴이 벅차요.
내가 한 번 그 상상을 해 볼 테니까 어린이 여러분도
나와 함께 생각해 볼까요?

자, 3일 동안 내가 볼 수 있다면
나는 도대체 내 눈을 어떻게 사용할까요?

마지막 날인 셋째 날이 저물고 자정이 지나면
나는 다시 어둠 속으로 들어가야 해요.

태양이 다시는 떠오르지 않는 거죠.
여러분도 만일 그렇게 된다면 어떻게 3일을 보내고 싶나요?
뭘 보고 싶나요?

내가 가장 보고 싶은 건 바로 어둠 속에서 살아 오면서
가장 소중하게 여겼던 것들이에요.

어린이 여러분도 자기가 가장 소중하게 여겼던 것을
오래오래 보다가 후에 어둠 속으로
그 기억을 가지고 들어가고 싶을 거예요.

아, 그렇다면 내가 살아오면서 소중하게 여겼던 게 뭘까요?
너무 많아서 다 말할 수나 있을지 모르겠어요.

하지만, 만일 그런 기회가 주어진다면 나는 3일 동안
사랑하는 사람들과 그 모든 것을 함께 나누고 싶어요.

자, 그러면 이 헬렌 켈러 선생님과 함께
아름다움을 찾아가는 3일 동안의 여행을 떠나 볼까요?

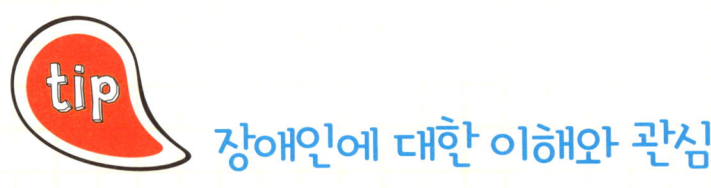
장애인에 대한 이해와 관심

요즘은 장애인에 대한 이해와 관심이 많아져서 학교나 단체에서 장애 체험을 많이 실시합니다. 가장 좋은 교육 방법이 바로 체험이기 때문입니다.

이런 장애 체험의 가장 큰 목적은 비장애인들의 인식을 바꾸기 위해서입니다. 장애인이 겪는 고통과 어려움을 느껴 볼 때 비로소 그들을 이해하고, 마음을 열 수 있으니까요.

준비물 : 눈가리개, 휠체어, 지팡이 등 장애를 체험할 수 있는 도구

장애를 체험할 때는 두 사람이 한 조가 되어야 합니다. 한 사람은 장애를 체험하고, 나머지 한 사람은 그 사람을 도우면 됩니다.

체험 때에는 과제를 주어야 합니다. 눈을 가린 시각 장애 체험일 경우, 화장실 가기나 계단 오르고 내리기라든가, 가까운 마트에 가서 물건을 사 오는 등의 일상생활에서 아무 문제없이 했던 일을 해 보도록 합니다. 휠체어 장애인의 경우도 비슷한 과제를 수행하게 합니다.

이 모든 과제 수행이 끝나면 장애인 역할을 바꿔서 해 봅니다. 이렇게 할 때 비로소 보조자의 체험과 장애인의 체험이 동시에 이루어집니다. 체험만으로도 많은 것을 느끼지만, 모든 체험이 끝나면 반드시 모여서 체험 때 느낀 점들을 이야기하고 소감을 발표하거나 기록하는 시간을 가져야 합니다.

볼 수 있는 첫째 날 오전

첫째 날에는 나에게 친절을 베풀어 주고,
자상하게 대해 주고, 우정을 나눠 준
내 주변 사람들을 꼭 만나 보고 싶습니다.

가장 먼저 만날 사람은 어린 시절 나에게 오셔서
바깥 세상을 활짝 열어서 보여 준 앤 설리번 메이시 선생님이에요.
 눈을 뜨게 되면 선생님 얼굴을 한참 동안 보고 싶어요.
  선생님이 이렇게 생기셨구나, 하고
   그냥 겉모습만 보는 게 아니라 꼼꼼히 살펴볼 거예요.

나 같은 장애인들을 가르치는 어려운 일을

이분이 어떻게 하셨을지, 훌륭한 선생님 얼굴을 보고 싶어요.

따뜻한 마음과 인내심으로 어려운 일을

극복해 낸 증거가 선생님 얼굴에 분명히 나타나 있을 테니까요.

또 선생님의 눈빛 안에서,

아무리 큰 어려움이 닥쳐도 당당하게 맞서던 그 강인함과

모든 사람들에 대한 따뜻한 마음씨도 꼭 찾아내고 싶어요.

사람들은 눈을 '마음의 창'이라고 해요.

하지만 나는 친구의 마음을 눈을 통해 볼 수가 없어요.

시각장애인이니까요.

그냥 손으로 만져서 얼굴의 윤곽만 느낄 뿐이죠.

하지만 웃거나 울거나 기분이 나쁘거나 좋은 건

얼굴만 만져 보면 바로 알 수 있어요.

이 사람이 처음 보는 사람인지 오래 알고 지낸 사람인지도
그렇게 바로 알아내요. 그래도 아쉬움은 있어요.

앞을 못 보니까 얼굴 표정이나 그 사람들의 몸짓으로는
성격을 알 수가 없어요.

어린이 여러분들은 얼굴만 봐도
그 사람이 착한지 못된지 대충 알잖아요.
나는 볼 수 없으니까 그런 게 어렵답니다.

볼 수만 있다면 눈빛이나 표정을 통해서
사람들을 잘 이해하고 더 잘 알게 될 텐데 말이지요.

그래도 내가 몇몇 친구들은 잘 이해하고 있는데,
그건 오랫동안 함께 우정을 나누었기 때문이에요.

그렇지만 처음 보거나 가깝지 않은 사람들은
완전하게 알 수가 없어요.

손을 잡았을 때의 느낌이나,

움직이는 입술에 손을 대었을 때 받는 느낌,

손바닥의 촉감, 이런 것만으로만 알려니 쉽지 않죠.

그냥 눈으로 보면 그게 될 텐데요.

얼굴이 어떻게 변하는지, 근육이 어떻게 떨리는지,

손이 어떻게 흔들리는지…….

이런 걸 보면 금방 파악이 될 텐데 그러지 못하니까 안타까워요.

어린이 여러분은 친구 다섯 명의 얼굴을

그림 그리듯 말로 잘 표현할 수 있나요?

가능한 어린이도 있겠지만 어려운 어린이가 더 많을 겁니다.

언젠가 나는 어린이들에게

자기 부모님이나 친구의 눈동자는 무슨 색인지,

어떻게 생겼는지 물어 본 적이 있어요.

그런데 대답을 잘 하지 못하더군요.
또 어떤 친구는 예쁜 옷을 입고 학교에 갔는데
다른 친구가 그걸 몰라줘서 화가 난 적도 있다고 해요.

엄마나 아빠가 머리 스타일을 바꾸거나 새 옷을 사서 입었는데도
몰라봐서 서로 서운해하고 다투는 것도 가끔 봤죠?

시각 장애가 없는 사람들은 좋은 눈을 갖고 있지만
주위 환경에 금방 익숙해져서,
놀라운 것이나 멋진 것을 봐도 잘 모르는 경우가 있어요.
싫증을 내는 경우도 많더군요.

법원에 가서 기록을 살펴보면,
증인들이 사건을 보고 증언을 하는데
얼마나 엉터리로 하는지 알 수 있답니다.

같은 사건을 봤는데도 본 사람마다 얘기가 다 달라요.
남들보다 좀 더 자세히 본 사람이 있긴 하지만

그래도 자기가 눈으로 본 걸 모두 다 얘기하지는 못하지요.

참, 지금은 3일 동안 볼 수 있는 기회가 주어지면
뭘 보고 싶은지를 얘기하는 중이지요?
그럼 계속 들어 보세요.

 **설리번 선생님**

헬렌 켈러에게 평생의 반려자였던 앤 설리번 선생님은 그 자신도 시각장애인이었습니다.

보스턴의 고아원에서 비참하게 성장한 설리번은 엄마는 일찍 죽고 아빠는 알코올 중독자였습니다. 게다가 하나뿐인 동생마저 죽어 설리번은 그 충격으로 정신병에 걸리고 자살까지 시도했습니다. 그런 그녀에게 간호사인 로라가 나타나 친구가 되어 주었습니다.

그 결과 2년 뒤 설리번은 정상인 판정을 받아 퍼킨스 시각 장애 학교에 입학했고, 훗날 학교를 최우등생으로 졸업했으며, 수술을 받고 앞을 다시 볼 수 있게 되었습니다.

설리번 선생님과 헬렌 켈러

이때 설리번은 신문에 난 광고를 보고 헬렌 켈러의 가정교사가 되었습니다. 자신을 돌본 로라와 같은 사람이 되기로 한 것입니다. 마침내 설리번은 포기하지 않는 집념으로 볼 수 없고, 들을 수 없고, 말하지도 못하는 헬렌을 세상 밖으로 이끌었습니다.

이후 설리번 선생님은 헬렌과 48년 동안 함께 있으면서 사랑을 실천했습니다. 헬렌이 하버드 대학교에 다닐 때는 모든 수업을 함께 들으면서 지화(손가락 수화)로 강의 내용을 알려 주었습니다.

첫째 날, 나머지 사건

그래요, 첫날은 무척 바쁠 거예요.
나는 사랑하는 친구들을 모아 놓고
얼굴을 다 들여다볼 거예요.

어떻게 생긴 사람이었나, 알고 싶거든요.
또 아기 얼굴을 꼭 보고 싶어요.
아기 얼굴은 얼마나 사랑스러울까요.

이 세상을 살면서 힘든 일을 아직 겪지 않은 순수한
얼굴은 얼마나 아름다울까요.

그 다음에는 내가 기르고 있는 개 두 마리의 눈도
들여다볼 거랍니다.

다키라는 개는 아주 용감하고 빈틈이 없어요.
그리고 헬가는 아주 건장한 그레이트 데인 종인데,

부드럽고 재미있어서 나에게 위로가 되어 주었던 친구죠.

그리고 내가 살고 있는 아담한 집도 돌아보고 싶어요.

양탄자의 색깔도 알고 싶고,
벽에 그림들이 걸려 있는데 그것도 보고 싶어요.

집 안을 꾸미고 있는 장식물들도 다 보고 싶어요.

또 내가 그동안 손으로 읽었던 점자책을 보고 싶어요.
그것은 사람들이 눈으로 읽는 책보다 더 흥미로울 것 같아요.

점자책

그 점자책은 나에게는 학문에 대해 알려 주고
인간에 대해서 공부할 수 있게 해 준,

어둠 속에서 길을 밝혀 준 등대나 마찬가지였기 때문이에요.

그리고 나는 오랫동안 숲을 산책하면서
자연의 아름다움에 빠지고 싶어요.

눈이 보이는 사람들한테는 늘 봐서 익숙한,
끝없이 펼쳐진 자연의 아름다운 모습을

마음 깊이 새겨 두도록 노력할 거예요.

집에 오는 길에는
가까운 곳에 있는 농장에 들러서 밭을 갈고 있는 말과 흙에 살고 있는 농부들이 땀 흘리며 일하는 모습도 꼭 볼 거랍니다.

그 때쯤 저녁놀이 지는 찬란하고 아름다운 광경을

볼 수 있다면 무엇을 더 바라겠어요.

자연에 어둠이 깃들 때,
우리 인간들은 그 어둠을 극복했지요.
인공적으로 빛을 만들어 쓰니까요.

땅거미가 내릴 때면
사람들이 하나둘 불을 켤 텐데,
그게 얼마나 아름다운지 꼭 볼 거예요.
그렇게만 된다면 얼마나 기쁠까요.

첫째 날 밤 잠자리에 누우면,
나는 그날 하루 동안 본 것들이
얼마나 황홀한지 기억하느라고
잠도 제대로 못 자게 될 거예요.

 점자에 대해서

점자는 우리가 알고 있는 눈으로 보는 문자와는 완전히 다릅니다. 시각장애인들이 흑과 백으로 구분되는 문자를 볼 수 없기 때문입니다.

점자는 만져서 알 수 있게 하려고 둥근 6개의 점을 볼록하게 튀어나온 것으로 표현됩니다. 이 6점은 가로로 2점 세로로 3점 입니다. 이 점에는 1에서 6까지의 번호가 붙는데 이 가운데 어느 것을 볼록하게 돌출시 키느냐에 따라 63개의 표현법이 생깁니다. 그정도면 문자를 표현하는 데 충분합니다.

한글은 초성, 중성(모음), 종성이 각각 다르게 점으로 구성됩니다. 예를 들어 '밥'이라는 자를 점자로 쓰려면 'ㅂ', 'ㅏ', 'ㅂ'의 세 점자를 만들어야 합니다.

루이 브라이 기념우표

이 점자는 루이 브라이라는 시각장애인이 고안해 냈습니다. 어려서 아빠의 작업실에서 송곳을 갖고 놀다가 눈을 다쳐 시각장애인이 된 루이였지만 배움에 대한 열망을 접지는 않았습니다. 책을 간절히 읽고 싶었지만 시각장애인이 글을 읽기는 어려웠습니다.

루이는 아주 간단해서 누구나 쉽게 익힐 수 있고, 책을 만들 때 돈도 안 드는 방법을 찾아내려 애썼어요. 그리고 마침내 단 6개의 점으로 알파벳은 물론이고 숫자도 표현할 수 있는 방법을 고안해 냈습니다.

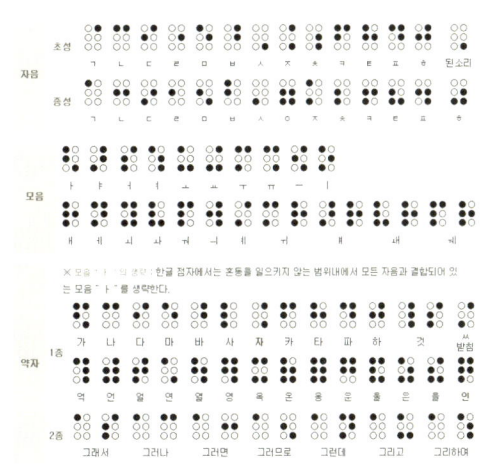

둘째 날 오전, 떠오르는 아침 해

다음날이 되면 나는 새벽같이 일어날 거예요.
왜냐하면 어두웠던 밤이 어떻게 아침으로 바뀌는지
그 기적 같은 모습을 꼭 보고 싶으니까요.

잠들어 있던 대지를 깨우는
그 화려한 빛을 꼭 보고 싶어요.

둘째 날도 나는 바쁠 겁니다.
세상을 돌아다니면서 과거와 현재를 다 보고 싶거든요.

제일 먼저 박물관부터 갈 거예요.
왜냐하면 인간이 진화를 해서 오늘날까지 왔다고 하니까

그걸 하루 만에 다 보려면 박물관에 갈 수밖에 없기 때문이에요.

나는 물론 뉴욕에 있는 자연사 박물관에 가서
많은 전시물들을 만져 봤답니다.
그런데 그것은 만져 보는 것일 뿐이었어요.

그 전시물들은 우리 인간들이 어떻게 살아 왔는지를
한 곳에 다 모아서 보여 준다고 하는데,
나는 그걸 내 눈으로 직접 보고 싶어요.

우리 인간들은 덩치는 작지만 명석한 두뇌를 사용해
동물들을 다 정복하고 이 지구의 주인이 되었어요.

그런 인간들 이전에 지구를 누비고 다녔던
공룡의 화석도 보고 싶어요.

공룡이 어떻게 진화했는지를 보여 주는 전시물들도 멋질 거예요.

여기에 인간들이 만들었다는 각종 도구와 연장들,
그리고 박물관에 있는 모든 물건들을
꼭 눈으로 확인하고 싶답니다.

어린이 여러분도 박물관에 많이 가 봤겠죠?
박물관의 유물들을 얼마나 봤는지 궁금해요.

아직 못 가 본 어린이도 있겠지만,
가 봤다고 하더라도 제대로 보지 않은 어린이가 분명히
있을 거예요. 박물관은 정말 유물 하나하나를 눈여겨볼 만한

가치가 있는 곳이랍니다.

여러분은 앞을 볼 수 있으니까

몇 날 며칠이고 거기에 가서 유익한 시간을 보내겠지요.

하지만 3일 동안만 허락받은 사람은

슬쩍 보고 갈 수밖에 없어요.

박물관 말고도 갈 곳이 아주 많으니까요.

이번엔 나도 빨리 움직여서

메트로폴리탄 미술관에 가야 해요.

이 메트로폴리탄에서는 인간의 영혼이 담겨 있는

예술 작품을 볼 수 있답니다.

메트로폴리탄 박물관

메트로폴리탄 미술관

이집트 유물

인간은 자손 번식과 음식 문화,
그리고 주거 문화의 욕구만큼이나
예술에 대한 욕구도 강하답니다.

미술관의 넓은 전시실에 가면
이집트와 그리스, 로마 시대의 예술품들이 잘 전시되어 있어요.

나도 물론 옛날 나일강 가를 거닐던 여신을 비롯한 신들이
어떤 모습을 하고 있는지
손으로 만져 보고 감촉을 통해서 알고 있지요.

나는 파르테논 신전의 모형도 갖고 있고,
적들을 향해 달려가는 아테네 전사들의

파르테논 신전   아폴론, 비너스   호메로스 상

그 역동적인 움직임도 느껴 봤습니다.

거기에다가 그리스 로마 신화를 통해
어린이 여러분이 잘 알고 있을 아폴론이나
비너스로도 불리는 아프로디테,
사모트라키 섬의 승리의 여신상 같은 것도
손가락 끝으로 만져 본 나의 친구들이에요.

수염을 길게 기른 호메로스상의
주름투성이 얼굴도 만져 봤어요.

나는 그 호메로스가 특별히 정답게 느껴졌답니다.
왜냐하면 바로 그 사람도 시각장애인이었기 때문이에요.

난 이렇게 그리스, 로마나 그 후의 조각품들을 만지면서
그 경이로움에 정말로 감탄했어요.

그뿐만이 아니지요.

미켈란젤로가 만든 모세상도 만져 봤어요.

로댕의 '생각하는 사람'과 그밖의 나무로 만든 다양한
조각품들도 느껴 봤어요. 그리고 정말 이걸 만들기 위해
사람들이 얼마나 노력했을지 감탄하고 경외심도 느꼈어요.

손으로 만져 봤기 때문에 나에게는
의미가 정말 큰 예술품들이었어요.

사실 이런 예술품들은 손으로 만지라고 만든 건 아니예요.
눈으로 보라고 만든 것이지요.
그래서 손으로 만지는 걸로는 아무래도 부족해요.

그리스 화병을 만져 보면

그 아름다운 선은 잘 느낄 수 있지만,

거기에 새겨진 무늬는 만져도

도무지 그 아름다움을 알 수가 없어요.

그리고 예술을 하는 인간의 영혼을 알아보고 싶어요.

손으로 다 만져 봤던 걸 눈으로 보면 얼마나 좋을까요.

미술의 변화를 눈으로 확인한다는 건 정말 멋진 일이죠.

나는 유명한 화가인 라파엘로나 레오나르도 다빈치,

티치아노, 렘브란트의 그림들을 뚫어지게 보고 싶어요.

아, 정말 각 시대의 예술품을 직접 눈으로 감상한다는 건

얼마나 행복한 일일까요!

물론 이렇게 미술관을 방문해서 구경하는 짧은 시간 동안에

우리 인간들이 만들어 온 예술을 다 이해하기는 어렵죠.

거기다가 내가 본 것은 빙산의 작은 일부분일 테니까요.
그걸 제대로 감상했다고 할 수는 없어요.
그냥 봤다는 것뿐이지요.

예술가들은 진짜로 작품을 깊이 감상하려면
예술을 보는 눈을 길러야 한다고 해요.
마구 그려 놓은 그림 같아도, 선이나 구성, 색, 형태를 잘 알면
그 작품을 제대로 이해할 수 있는 거죠.

물론 그런 작품을 많이 감상해 보는 경험도 필요하죠.

내가 만약에 볼 수 있어서 그런 예술 공부를 한다면
얼마나 좋을까요.
그런데 내 주변에 있는 친구들은 볼 수 있으면서도
예술을 얘기하라고 하면 잘 모르겠다고 해요.

아름다움이 그렇게 많이 담겨 있는 미술관을
떠나야 한다는 게 매우 섭섭하지만,

볼 수 있는 사람은 굳이 메트로폴리탄 미술관까지
찾아갈 필요도 없을 거예요.

도서관이나 미술관에 가면 책 속에도 많이 있잖아요.
각종 그림과 예술품이 미술,
혹은 역사와 관련된 책에 잔뜩 들어 있어요.

시각장애인이 움직일 때

시각장애인이 움직일 때는 크게 세 가지 도구가 필요합니다.

첫째는 앞에 장애물이 있나 없나를 살피는 지팡이입니다. 지팡이의 뾰족한 끝으로 땅을 좌우로 더듬으면서 걸으면 앞에 장애물이 있는지 없는지를 알 수 있습니다. 이것을 우리는 '케인'이라고 부릅니다.

케인은 장애인 신체의 일부나 마찬가지여서 만지거나 건드리면 시각장애인들이 크게 당황하므로 주의해야 합니다.

그리고 또 다른 방법은 안내견을 이용하는 것입니다.
안내견은 시각장애인을 안내하도록 훈련받은 개입니다. 특별한 유니폼인 '하네스'를 입고 장애인을 안내합니다. 시각장애인에게

케인   안내견   아이소닉

눈이나 마찬가지이기 때문에 방이나 교실, 버스 안 등 어디든 갈 수 있도록 법으로 정해 놓았습니다.

   마지막 방법은 가장 현대적인 것으로 초음파 탐지기입니다. 박쥐가 초음파를 발사해 앞의 장애물을 피해 날아다니듯 '아이소닉'은 지팡이의 손잡이에 장착해서 앞쪽으로 초음파를 발사합니다. 이 초음파는 장애물에 부딪혀 반사되고 그 시간을 재서 거리를 계산해 일정한 거리에 도달할 때마다 음성 안내도 해 줍니다.

둘째 날 오후, 아름다운 연극

둘째 날 저녁에는 연극이나 영화를 감상하고 싶어요.
아, 물론 지금도 나는 연극을 보러 다녀요.

배우들이 연기하는 걸 눈으로 직접 볼 수는 없지요.
옆에 앉은 친구가 내 손바닥에 그 연극이 어떤 내용인지,
배우들의 연기가 어떤지를 써 주는 방법으로 연극 내용을 알지요.

그렇지만 나는 셰익스피어의 고전 작품의 주인공인 '햄릿'의
매력적인 모습이라든지, 엘리자베스 여왕 시대의
희극적인 연극 주인공을 내 눈으로 직접 보고 싶어요.

햄릿의 우아한 동작과 다른 배우들의

활기찬 걸음걸이를 볼 수만 있다면 얼마나 좋을까요.

아, 그런데 연극을 한 편 보는 시간이 길기 때문에
내게 주어진 시간 동안에 딱 한 편만 보라고 하면
정말 그것도 고민이네요.
보고 싶은 연극이 정말로 많거든요.

어린이 여러분들처럼 앞을 볼 수 있는 사람들은
연극이나 영화를 얼마든지 보겠지요.

그렇지만 연극이나 영화를 보면서 멋진 장면을 감상하고,
아름다운 색깔의 배경과 우아함을 즐길 수 있는 사람은
과연 몇 명이나 될까요?
또 멋진 경치를 보면서 본다는 것이 얼마나 감사한 일인지
느끼는 사람은 얼마나 될까요?

어린이 여러분은 볼 수 있다는 것에 감사하면서
아름다운 풍경을 두 눈에 가득 담고,

재미있는 연극과 영화를 두 눈과 마음으로
행복하게 감상하기 바랍니다.

나는 내 손이 닿는 곳만 느낄 수 있어요.
마룻바닥이 울려오는 진동을 통해서
리듬이 주는 즐거움을 느낍니다.

하지만 안나 파블로바 같은 우아한 발레리나의
자태는 그저 상상해 볼 뿐이에요.
내가 상상할 때는 사람이 춤을 추고 율동을
하는 게 가장 즐거운 광경일 것 같아요.

대리석상들을 만져 보면 조각의 윤곽에서
율동미를 조금이나마 느낄 수 있어요.
이렇게 움직이지 않고 가만히 서 있는 동상도
아름다운데, 사람들이 잘 짜여진 우아한 동작으로
움직이는 건 얼마나 아름답고 감동적일까요.

햄릿

화려한 연극 무대

발레리나

내가 소중한 기억으로 간직하고 있는
추억이 있어요.
옛날에 연극을 보러 갔을 때 연극배우 한 사람이
나한테 자기 얼굴을 손으로 만지도록 해 주었어요.
그때 나는 연극이라는 게 어떤 건지 조금은 알 수 있었어요.

배우가 분장한 모습을 손으로 만져 보니 연극의 느낌이
신기하게도 나에게 전달되었기 때문이에요.
그때의 기쁨을 결코 잊을 수가 없답니다.

그렇지만 보통 사람들이 연극 공연을 보며
재미있을 때 웃고, 슬플 때 우는 것 같은 기쁨은
내가 도저히 맛볼 수가 없어요.

그래서 어떤 연극이든지
내가 내 눈으로 딱 한 편만 볼 수 있다면,
그동안 내가 알파벳으로 알고 수화를 통해서 알았던
수백 편의 연극도 마음속으로 다 그려 볼 수 있을 거예요.

그래서 둘째 날 밤에도
아마 연극에 나온 위대한 주인공들을 생각하느라
잠을 이룰 수 없을 거예요.

시각장애인과 친구 되기

시각장애인과 함께 걸을 때는 손을 잡아 주면 안됩니다. 정확하게 도움을 주려면 내 팔꿈치를 잡고 반 걸음 정도 뒤에서 따라오게 하는 게 맞습니다.

계단이나 횡단보도 혹은 비좁은 길 같은 장애물이 나타나면 멈춰 서서 설명을 해 줘야 합니다. 문이 닫힌 곳에서는 문을 열어 주어야 하는데 시각장애인이 직접 해야 할 경우는 손잡이에 손을 대게 해서 직접 열도록 해 주면 됩니다.

김연아 선수가 맹인 가수 스티비 원더에게 도움의 손길을 내밀어 화제가 된 적이 있어요.

UN세계 평화의 날 행사에 참석한 김연아 선수는 스티비 원더와

동물학자인 제인 구달 사이에 앉았어요. 김연아 오른쪽에 앉은 스티비 원더가 자신의 마이크가 켜지지 않아 당황하자 김연아 선수의 손이 스티비 원더의 마이크로 가다가 머뭇거렸어요.

시각장애인의 동의를 얻지 않고 도와주는 것은 결례가 될 수 있기에, 바로 도와주지 않고 뒤에 서 있는 비서를 쳐다봤습니다. 비서가 도와줘도 된다는 신호를 보내자 김연아 선수는 스티비 원더의 마이크 버튼을 꾹 눌러 주었습니다.

김연아 선수의 작은 배려와 아름다운 마음은 세계의 많은 사람들에게 큰 감동을 전해 주었습니다.

셋째 날 오전,
뉴욕 시내 한복판

다음 날 아침에 나는 또 새로운 일이 무엇이 있을까 하는
기대에 들떠서 새벽을 맞이하겠죠.

앞을 볼 수 있는 사람들은 새벽을 매일매일 볼 수 있다는 게
얼마나 아름다운 일인지 잘 모를 거예요.

아, 그런데 이날은 내가 볼 수 있는 셋째 날이면서도
마지막 날이네요.

물론 이것도 내가 상상한 것이지만…….

후회하거나 아쉬워할 필요는 없어요.
시간이 아까우니까요.
봐야 할 게 얼마나 많은데요.

첫째 날은 어린이 여러분이 알다시피
친구들과 동물들에게 할애했고요,

둘째 날은
인간과 자연의 역사와 예술을 공부하느라고 다 보냈어요.

오늘은 바로 지금 이 순간
사람들이 어떻게 일하고 살아가는지 구경할 거예요.

그러려면 뉴욕이 최고예요.
뉴욕만큼 활기가 넘치고 매일매일 많은 사건이 벌어지는 곳이
많지 않을 테니까요.

그래서 오늘은 뉴욕으로 갈 거예요.

롱아일랜드의 포레스트 힐 부근에 있는
내 집에서부터 시작할 거예요.

푸른 잔디가 깔려 있고 숲과 꽃으로 둘러싸인 이 동네는
도시에서 땀 흘려 일한 사람들이 와서 쉬는 평화로운 곳이에요.

낙원과 같이 아름답고 깨끗한 집들이 있고,
그 집집마다 엄마들과 아이들이
왁자지껄 떠들고 움직이는 행복한 소리가 들려요.

나는 이 길을 걸어가며 강에서 배들이 바쁘게 오가고
모터보트가 빠르게 달리는 걸 보고 싶어요.

큰 배가 느릿느릿 가면서
뱃고동 소리를 울리며 증기를 뿜어 내는 것도 볼 거예요.

만일 앞으로도 계속 볼 수 있게 된다면,
많은 날들을 이 강가에 서서
경쾌하고 아름다운 움직임들을 보고 싶어요.

아, 그리고 눈앞에는 뉴욕의 아름다운 고층 빌딩들이
솟아 있는 게 들어와요.

마치 동화책에서 나온 것 같은 아름다운 도시지요.
이 얼마나 멋진가요!

반짝거리는 뾰족탑에다가,
거대한 제방에 신이 만들어 낸 조각 같은 건물들까지.

살아 움직이는 그림은 수백만 명의 생활인들이 만들어 낸
작품이지요.
하지만 누가 그걸 눈여겨볼까요?
아마 거의 없겠죠?

사람들 눈에는 이 멋진 광경이 잘 보이지 않아요.
왜일까요?
그건 바로 매일 보는 풍경이기 때문에 너무 친숙해서
그럴 거예요.

나는 가장 거대한 빌딩이라는
엠파이어 스테이트 빌딩의 꼭대기로 올라가고 싶어요.

얼마 전에 내 비서가 그곳에서 내려다보는 풍경이
어떤지를 말해 주었어요.

그렇게 들어서 알고 있는 것과
실제로 보는 게 얼마나 다를지 나는 가슴이 설렙니다.

올라가서 전체를 내려다보면 그 아름다운 광경에
나는 분명히 실망하지 않을 거예요.
그것은 또 다른 세계의 웅장함일 테니까요.

그 다음에 나는 도시를 샅샅이 둘러볼 거예요.

아주 번화한 곳 한 군데에 딱 서서,
바쁘게 오가는 사람들을 쳐다보면서
그 사람들의 삶이 어떨지 이해하려고 노력할 거예요.

사람들의 미소를 보면서 행복을 느끼고 싶어요.

그리고 나는 5번가를 천천히 걸어가겠어요.
특별한 걸 보는 것이 아니라
그냥 사람들이 물결치듯 흘러가는 모습을
즐기며 그들 옆을 지나치면서 걸을 거예요.

여성들이 입고 가는 드레스는
얼마나 아름다울까요?
아무리 봐도 질리지 않겠죠?

나도 만약에 시력을 잃지 않았더라면
드레스를 어떻게 만들까, 디자인은 어떻게 할까 등
패션에 신경을 많이 썼을 거예요.

그러느라고 다른 사람들이 뭘 입고 다니는지,
그들이 입고 있는 옷의 색깔이 어떤지에 대해서는
주의를 기울이지 못했을 수도 있어요.

아, 그리고 길가에 있는 상점 진열장에 있는

알록달록한 물건들을 구경하는 것도 아주 즐거울 거예요.

눈으로만 봐도 흠뻑 그 기쁨에 빠져들 게 분명해요.

시각장애 3대 음악인

시각장애인은 앞을 볼 수 없는 만큼 소리에 민감합니다. 그런 민감함은 곧 음악적 재능을 발휘하는 데 유리할 수 있습니다.

오늘날 우리는 3대 시각장애인 음악인을 알고 있습니다. 그건 바로 레이 찰스, 호세 펠리치아노, 그리고 스티비 원더입니다.

레이 찰스는 1930년 미국 조지아 주 올버니에서 태어났습니다. 그는 일곱 살 때 녹내장에 걸려 시각장애인이 되었습니다. 플로리다의 특수 학교에서 음악, 피아노, 점자를 익혔고 찬송가와 재즈의 영향을 받았습니다. 수없이 많은 히트곡을 냈으며 역사상 가장 위대한 가수 2위를 차지하기도 했습니다.

호세 펠리치아노는 1945년 남미 푸에르토리코에서 스페인계 미국인의 아들로 태어났습니다. 태어날 때부터 선천적 맹인이었

레이 찰스

호세 펠리치아노

스티비 원더

던 그는 기타 연주를 훌륭하게 했고, 2개의 그래미상과 32개의 골드 레코드를 보유하고 있습니다.

스티비 원더는 1950년 미국에서 태어난 흑인 음악가입니다. 어린 시절 인큐베이터 안에서 실명한 그는 청소년기인 12살에 음악의 천재성을 인정받아 모타운 레코드에서 음반을 낸 뒤 9개의 빌보드 차트 1위 곡들을 발표하고 지금까지 총 1억장이 넘는 음반 판매고를 올렸습니다. 그는 노래뿐 아니라 피아노, 하모니카, 오르간, 베이스 기타, 콩가, 드럼 등 거의 모든 악기를 능숙하게 연주하는 것으로 유명합니다.

셋째 날 오후, 코미디를 보면서

이제 5번가에서 나온 나는 파크 애비뉴로 갑니다.
가난한 사람들이 모여 사는 슬럼가도 보고요.
연기를 뿜어 내는 공장도 보겠죠.

또 어린이들이 신나게 뛰어 노는 공원을 둘러볼 거예요.
한마디로 시내 관광을 하는 거죠.

그 다음에 외국 사람들이 많이 사는 지역에도 갈 거예요.
그래서 외국에 여행을 가서
그곳에서 잠자는 것 같은 기분도 맛보고 싶어요.

내 눈은 어느 한쪽만 보는 게 아니랍니다.

행복한 쪽도 보고, 불행한 쪽도 볼 거예요.

사람들이 어떻게 살고 있는지 알려면
언제나 행복한 쪽과 불행한 쪽을 다 살펴봐야 해요.

내 마음속에
사람들과 물건들을 직접 본 기억을 가득 담겠어요.

또 아무리 사소한 것도 놓치지 않고 붙잡을 거예요.
그러려고 무척 애를 쓸 거랍니다.

그러다 보면 나를 즐겁고 행복하게
만드는 광경도 있을 거고,
반대로 불행하거나 비참하게
만드는 광경도 있겠죠.
그렇지만 불행하고 비참한 광경에
눈감고 외면하지 않겠어요.
그것도 삶의 일부니까요.

그것에 눈 감는 것은 마음과 정신에 눈을 감는 것이나
마찬가지랍니다.

내가 앞을 보게 된 셋째 날이 이제 서서히 저물어가네요.
남은 몇 시간 동안에도 해야 할 일이 참으로 많겠죠?

이날 저녁에는
아주 신나는 코미디 공연을 보러 극장으로 갈 거예요.

그래서 사람들이 얼마나 즐겁게 웃는지,
사람들이 얼마나 웃음을 좋아하는지,
웃음이 얼마나 사람들을 행복하게 해 주는지 보겠어요.

그렇게 한 뒤에 자정이 되어서 3일의 기간이 모두 끝나면
나에겐 다시 영원한 밤이 이어질 거예요.

물론 그 짧은 3일 동안
내가 보고 싶은 모든 것들을 다 볼 수는 없겠죠.

어둠이 내리고 나면 나는 아마 후회할 거예요.
얼마나 많이 빠뜨리고 못 봤는지를 생각하면서 말이지요.

어쩌면 내가 보았던 모든 것들이
내 마음속에 다 남아서, 미쳐 보지 못한 걸
아쉬워할 겨를이 없을지도 몰라요.

그 뒤로는 무언가를 만져 볼 때도 3일 동안 본 기억이 따라와서
아름다운 세상의 모습을 아주 생생하게 떠올릴 테니까요.

 ## 한국의 감동 시각장애인 강영우 박사

소년 강영우는 17살 때 축구공에 얼굴을 맞아 시각장애인이 되었습니다. 일찍이 아버지가 돌아가신 뒤 영우를 기르던 어머니는 이 소식에 충격을 받고 이틀 만에 돌아가셨습니다. 학교를 그만두고 공장에 취직해 돈을 벌던 누나도 과로로 죽었습니다.

하지만 이 모든 고난을 이겨 내고 청년 강영우는 시각장애인은 유학을 갈 수 없다는 법률까지 뜯어고치면서 대한민국 맹인 최초 전액 장학생으로 미국유학을 갔습니다. 그는 3년 6개월 만에 교육학 석사, 심리학 석사, 교육 철학 박사가 되었고 일리노이 대학 교수가 되었습니다.

슬하의 큰아들은 하버드 의대를 나와 안과 의사가 되었고, 작은 아들은 남부 최고의 명문인 듀크 법대를 나와 미연방 상원 최연소

강영우 박사

고문 변호사가 되었습니다.

 이후 강영우 박사는 사회적 편견을 넘어서 미국의 제 43대 부시 대통령 재임 시절 백악관 국가장애 위원회 정책 차관보를 지냈고, UN 세계장애위원회 부의장 직을 맡았습니다. 2012년 세상을 떠나기 전까지 장애인의 인권 개선을 위해 노력했습니다.

어린이 여러분의 행복

지금까지 내가 3일 동안만 볼 수 있다면
어떻게 보낼 것인지 생각을 해 봤어요.

물론 여러분들이 만약에 3일 동안 볼 수 있다면
무얼 보고 싶을지 생각하는 것과는 다를 거예요.

그렇지만 확실한 것은,
어린이 여러분이 실제로 그렇게 3일만 볼 수 있게 된다면
여러분들의 눈도 예전에 보지 못했던 것을
많이 보게 될 거라는 점이에요.

그리고 긴 암흑 속에서 그 기억들을 잘 저장하겠죠?

그러면 자기 눈을 옛날하고는 전혀 다르게 사용할 거예요.
눈에 보이는 모든 게 소중하게 느껴질 테니까요.

그 때의 눈은 시야에 들어오는 사물들을
다 끌어안고 보듬어 주겠죠.
그럴 때 비로소 여러분들은 제대로 보게 되는 거예요.

그리고 아름다움이 어떤 것인지 알게 될 거예요.
진정으로 아름다운 세계의 문을 활짝 열게 되는 거랍니다.

내가 어린이 여러분들에게 좋은 것 하나 가르쳐 줄게요.

여러분이 가지고 있는,
볼 수 있다는 그 선물을 가장 잘 사용하는 방법에 대해서 말이죠.

그게 뭐냐고요?
내일 갑자기 세상을 못 보게 될지도 모르는 사람처럼
여러분의 눈을 사랑하고 아끼세요.

이것은 눈뿐만이 아니라 다른 감각 기관에도
똑같이 적용할 수 있어요.

나는 어린이 여러분의 몸과 마음을 소중히 여기고, 아름답고
건강하게 가꾸길 바라요. 아름다운 생각을 갖고 아름다운 것을
많이 보기를 바랍니다.

내일 듣지 못하는 사람이 될 것처럼
아름다운 음악을 듣고,
예쁜 새들의 아름다운 지저귐 소리를 듣고,
오케스트라의 멋진 연주를
귀로 그리고 마음으로도 들어 보세요.

내일 갑자기 촉각이 마비될 사람처럼,
그렇게 사물을 생각하면서 만지게 되면
그 기억이 아주 생생할 거예요.

그뿐만이 아니랍니다.

내일이면 냄새도 못 맡고 음식 맛도 잃을 수 있다고 생각하고,
꽃의 아름다움을 느끼고 꽃향기를 맡아 보세요.

음식도 세상에서 제일 맛있는 음식이라는 생각으로 정말 맛있게
먹어 보세요.

그렇게 내가 할 수 있는 모든 감각을 최대한으로 활용해 보세요.

자연이 우리에게 준 여러 가지 감각을 이용해서
세상이 주는 즐거움과 아름다움을 느껴야 해요.

그리고 그것에 영광을 돌려야 해요.
하지만 그 중에서도,
모든 기쁨 중에서 가장 큰 기쁨이 뭔지 아세요?

그건 바로 볼 수 있다는 것!
볼 수 있다는 게 가장 큰 기쁨이고 가장 행복한 축복이랍니다.

어린이 여러분의 모든 감각을 활용해서
이 세상의 모든 아름다움을
보고 듣고 느끼고 사랑하기를 바랍니다.

 **오늘을 충실하게**

　오늘날 세계적인 기업 애플사의 회장을 지낸 스티브 잡스는 2005년 스탠포드 대학 학위 수여식 연설문에서 오늘을 잘 살라고 했습니다. 어린이 여러분도 알고 있겠지만 그는 암으로 큰 고통을 받았습니다. 이 연설에서 죽음 앞에 섰던 경험을 담담하게 이야기했습니다.

　"죽음은 새로운 것들의 길을 만들기 위해 오래된 것들을 치우는 일입니다. 지금 새로운 것은 여러분입니다. 하지만 멀지 않은 어느 날 여러분은 점차 오래된 것이 되어 치워지게 될 것입니다. 너무 극적인 표현이라 미안하지만 사실입니다.
　　　　　　　　　……
　나는 오늘이 바로 내 생애의 마지막 날이라고 생각하며 살아갑니다. 그리고 나는 내가 오늘 꼭 하려고 하는 일을 진정 하고 있는

스티브 잡스

지 스스로에게 물어봅니다. 17세 때 '매일매일을 당신의 마지막 날처럼 사는가?'라는 글을 본 이후 매일 그렇게 저 자신에게 질문을 던지며 살고 있습니다."

 이 세상 모든 부와 명예를 다 가졌던 잡스조차 하루하루의 소중함을 이렇게 이야기했습니다. 우리는 오늘 건강한 삶이 주는 행복이 얼마나 소중한지를 깨닫고 하루하루 경험하고 느끼는 모든 것들을 소중히 여겨야 합니다.

고정욱 선생님의
3일만 걸을 수 있다면

헬렌 켈러는 앞을 볼 수가 없었어요.
그래서 3일 동안만 볼 수 있게 된다면 어떨까, 하는
상상을 하고 이 글을 남겨서 세계의 사람들에게 큰 감동을
주었지요.

나는 휠체어를 타는 장애인이기 때문에
한 번도 걷거나 서 본 적이 없어요.
그래서 나 역시 걷고 설 수 있는 3일을 생각해 봤어요.

첫째 날, 나는 무조건 설악산으로 달려갈 겁니다.
수많은 내 친구들이 설악산을 등반하면서

아름다운 광경을 봤다고 자랑을 했거든요.

걷다가 쉬기도 하고, 다리에 쥐가 나기도 했답니다.
무거운 짐을 져서 다리가 후들후들 떨린 적도 있고,
발에 물집이 잡혀서 등산을 포기한 적도 있답니다.

나는 그런 경험이 뭔지 몰라요.
친구들처럼 땀을 흘리며 숨이 턱에 차도록
설악산 꼭대기로 올라가 보고 싶어요.

그렇게 설악산 정상에 올라갔을 때,
내 눈 아래 펼쳐지는 장엄한 광경을 꼭 보고 싶어요.

물론 텔레비전이나 사진으로 많이 보았지만
남들이 찍어 온 사진이 주는 감동이 아니라
내 힘으로 걸어 올라간 그 감동을 느껴 보고 싶은 거예요.

산에서 내려오는 동안, 등산객들은 다리가 후들후들 떨리고 지쳐서 주저앉고 싶다고 해요.

그런 경험도 나는 꼭 해 보고 싶어요.
다리가 후들거리고 걷지 못하는 느낌이 무엇일까요.
한 번도 그런 걸 느낀 적이 없기 때문이죠.

설악산에서 내려오면
나는 곧바로 기차와 버스를 내 힘으로 타 보고 싶답니다.

휠체어를 타고 기차와 버스를 타 보지 않은 것은 아니지만,
계단을 내 힘으로 딛고 올라가서
원하는 좌석 번호를 찾아 앉는 기쁨을 느껴 본 적은 없어요.

꼭 그게 아니더라도,
사람들로 가득 찬 버스나 열차에 앉지 않고 서서
먼 거리까지 가 보고 싶어요.

사람들은 흔들려서 불편하고 힘들다고 불평하지만,

나는 한번만이라도 만원 버스에 서서 흔들리면서
원하는 목적지에 가 보고 싶답니다.

두 다리로 버티고 서서
동그란 손잡이를 붙잡고 가는 기분은 어떤 것일까요.
그 동그란 손잡이를 나는 한 번도 잡아 본 적이 없습니다.

그리고 가끔은 지하철 계단을 뛰어 오르고 뛰어 내려가는
사람들을 보면 저걸 한 번 꼭 해 보고 싶다는 생각이 들었어요.

한 층이나 두 층을 가면서도
엘리베이터를 타는 사람들을 이해할 수가 없어요.

나는 63빌딩 뛰어 오르기에도 한번 도전해 보고 싶어요.

우리나라에서 손꼽히게 높다는 그 빌딩을 내 두 다리로
꼭대기 층까지 뛰어 올라가
멀리 보인다는 인천 앞바다까지 내려다본다면 얼마나 좋을까요.

둘째 날이 되면 나는 강과 바다로 갈 거예요.
모래사장이 깔려 있는 해변을 걷고 싶어요.
휠체어는 바퀴가 빠지기 때문에 일 미터도 가지 못해요.
그래서 발로 걸어서는 한 번도 그 감촉을 느껴 본 적이 없어요.

푹푹 빠지는 모래를 느끼며 맨발로 걸어 보고 싶답니다.

그리고 바닷물에 뛰어들어
발가락 사이에 감기는 차가운 물의 감촉과
모래의 부드러운 촉감도 느껴 보고,
헤엄을 쳐서 멀리까지 나가 보고도 싶어요.
그리고 갯바위의 거친 촉감을 맨발로 느낄 거예요.

신나게 강과 바다에서 논 뒤에는
시장으로 가서 시장 상인들이 비좁은 골목에서
물건을 늘어놓고 파는 걸 구경하고 싶어요.

북적이는 시장 사람들의 모습은 언제나 아름다워요.
휠체어가 들어갈 수 없는 비좁은 골목도
걸어서 갈 수 있으면 얼마나 멋질까요.

백화점이나 마트도 마찬가지죠.
물론 엘리베이터나 에스컬레이터는 이용하지 않아요.
건강한 내 두 다리로 걷고 싶을 뿐이랍니다.

그리고 운동장으로 달려 나가
400미터 트랙을 힘껏 달려 보고 싶어요.

달리다 지치면 잔디밭에서 뒹굴기도 하고,
축구하는 아이들과 어울려 공을 한 번 뻥 차 보기도 하는 거죠.

골을 넣고 기뻐서
세레모니하는 것도 반드시 해 보고 싶은 일이랍니다.

그리고 마지막 날이 되면 나를 업고 학교에 데려다 주셨던
어머니를 꼭 한번 업어 드리고 싶어요.

내가 갔던 학교에 가서,
　　　어머니가 나를 업고 얼마나
　　　　　힘들게 계단을 올라가고
　　　　　　학교를 걸어 다니셨는지
　　　　　　　느껴 보고 싶답니다.

내 힘으로 학교까지 걸어갈 수 있었다면
얼마나 좋았을까, 하고 안타까워하겠지만
3일 동안만이라도 걸을 수 있어서
학교를 걸어가게 된다는 사실을 기쁘게 받아들일 거예요.

그리고 셋째 날이 저물어 갈 무렵에는
동네 시장에 가서 장을 잔뜩 볼 거예요.

아내와 아이들이 항상 장을 보면 무거운 짐을 나르곤 했어요.
걷지 못하기 때문에 나는 한 번도 그걸 도와주지 못했죠.

원 없이 많은 물건을 사서 내가 잔뜩 지고 이고
집으로 들어다 주고 싶어요.

내가 짐 때문에 낑낑대고 걷는 동안
아내와 아이들은 편안하게 걸어서 가겠죠.
그래도 좋아요.

짐을 들어다 나른 뒤에는 나를 태우고 다니느라 고생했을
내 차를 닦을 거예요.

양동이에 물을 잔뜩 퍼서 씩씩하게 걸어가 물을 끼얹고
신나게 닦을 거예요.
바퀴와 트렁크와 문짝도 깨끗이 닦을 겁니다.

그리고 내 차에게 속삭여 줄 거예요.
그동안 나를 위해 수고 많이 했다고.
오늘 딱 한 번뿐이지만
나의 두 발로 이렇게 서서 너를 닦아 주겠다고.

두 발로 설 수 있으니까 차 지붕 위도 깨끗이 닦을 수 있겠지요.

이렇게 해서 3일이 지나면 나는 다시 휠체어를 타게 될 거예요.
그렇지만 계단을 오르내렸던 기쁨,
대지를 박차고 달렸던 그 짜릿함은 결코 잊지 못할 겁니다.

이 글을 읽는 어린이 여러분,
두 발로 걸을 수 있다는 게 얼마나 큰 행복인지
오늘 다시 한 번 느끼고 감사해야 해요.

건강한 몸으로 세상에 태어나게 해 주신
엄마 아빠께 감사 드려야 하고요.

건강한 몸으로 이 세상에 태어났다는 건
그렇지 않은 사람을 위해 희생하고 봉사하며,
그들과 더불어 사는 행복한 세상을 만들어 주라는 의미입니다.

나에게 없는 것을 안타까워하거나 속상해하지 말고,
내가 가진 것을 잘 활용하고
그것을 통해서 많은 사람을 기쁘게 할 수 있는 방법을
생각해 주길 바랍니다.

어린이 여러분 사랑합니다.

헬렌 켈러의 아름다운 삶

유년시절
(1880~1894)

1880 _ 미국 앨라배마 주 터스컴비아 시의 농장에서 태어났다.

1882 _ 태어난 지 19개월만에 열병을 앓은 후 볼 수도 없고 들을 수도 없게 되었다.

1886 _ 전화기를 발명한 알렉산더 그레이엄 벨 선생님을 만났다.

1887 _ 헬렌의 선생님이자 인생의 동반자인 가정교사 앤 설리번 선생님과 만났다.

1887 _ 집 뒤뜰에 있는 우물가 펌프에서 물(water)의 철자를 익히고 낱말의 뜻과 의미를 이해하게 되었다. 이날에만 수십 개의 단어를 익히고 사물의 이름, 문장, 글로 의사를 표현하는 방법 등을 배웠다.

그리고 점자 공부를 시작했다.

1888_ 설리번 선생님과 함께 퍼킨스 맹학교에 입학했다.

1890_ 발성법을 배워서 부정확하지만 말을 할 수 있게 되었다.

1891_ 토미 스트링어라는 장애인을 돕기 위해 모금 활동에 나서고 그를 도왔다.

청소년기
(1894~1904)

1894_ 설리번 선생님과 뉴욕의 라이트-휴메이슨 청각 장애 학교에 입학했다.

1895_ 《톰 소여의 모험》과 《허클베리 핀》을 쓴 작가 마크 트웨인을 만났다. 마크 트웨인은 작가로 크게 성공한 후에도 오랫동안 헬렌을 위한 후원자가 되어 주었다.

1896_ 미국 일리노이 주에서 열린 전 미국 농아 교육 협회 대회에서 강연을 했다. 8월에 아버지가 세상을 떠났고, 10월에 케임브리지 여학교에 들어가서 대학 입학시험 준비를 했다.

1899_ 래드클리프 대학으로부터 입학을 허가받았다.

1902_ 《레이디스 홈 저널》에 "내가 살아온 이야기"를 연재했다.

1903_ 《내가 살아온 이야기》와 《낙관주의》를 출간했다.

1904_ 래드클리프 대학을 우수한 성적으로 졸업했다. 영문학 우등상을 받았고 시청각장애인으로서 최초로 대학 졸업장을 받았다.

젊은 시절
(1904~1924)

1906_ 매사추세츠 시각장애인 위원회의 위원이 되었다.

1909_ 매사추세츠 사회당에 가입하고 여성 참정권론자가 되어 여성도 나라의 정책을 만드는 투표에 참여할 수 있어야 한다고 주장했다.

1912_ 공장의 노동자들이 나쁜 노동 조건으로 파업을 했고, 헬렌 켈러는 이들을 지원하여 노동자들의 승리를 이끌어 냈다.

1913_ 여성들의 권익 보호에 앞장서는 내용의 글, "대학에 가는 사람을 위한 변명"을 발표했다.

1919_ 헬렌 켈러의 삶을 다룬 기록 영화, "세계 8대 불가사의 헬렌 켈러, 아름다운 해방"이 제작되어 개봉되었다.

1921_ 어머니가 세상을 떠났다.

인류애의 활동
(1924~1968년)

1924_ 미국 시각장애인 재단의 홍보 대사로 장애인의 동등한 교육 기회 제공을 요구하는 캠페인을 벌이는 등 활발하게 활동하였다.

1929_ 처음으로 미국 시각장애인 전용 국립 도서관을 건립하는 일에 힘썼다.

1931_ 템플 대학에서 명예박사 학위를 받았다.

1932_ 글래스고 대학에서 명예박사 학위를 받았다.

1932_ 세계 시각장애인 회의 조직의 기틀을 마련하고, 미국 시각장애인 재단의 임원이 되었다.

1933_ "3일만 볼 수 있다면"이라는 글이 잡지에 실려 대공황으로 고통 받는 많은 사람들에게 일상에서의 행복을 전하며 사람들에게 큰 위로가 되었다.

1936_ 설리번 선생님이 세상을 떠났다.

1937_ 한국, 일본, 중국 등 아시아를 방문하여 아시아 지역 시각장애인을 위한 강연 활동을 하였다.

1943_ 제2차 세계 대전의 부상병을 돕는 운동을 하고, 장애인의 복지를 위한 일에 힘썼다.

1946 _ 영국, 프랑스, 이탈리아, 그리스, 스코틀랜드를 방문하여 시각장애인을 위한 강연을 했다. 이후 11년 동안 35개 나라를 방문하여 장애인 복지를 위한 강연 활동을 하였다.

1951 _ 남아프리카공화국을 방문하여 흑백 통합 대학에서 명예박사 학위를 받았다.

1954 _ 헬렌 켈러가 태어난 집이 국가 사적지로 지정되었다.

1955 _ 헬렌 켈러의 일생을 다룬 영화 "정복되지 않은 자"가 아카데미 영화상, 다큐멘터리 부문 작품상을 수상했다. 하버드 대학에서 여성 최초로 명예박사 학위를 받았다.

1961 _ 뇌졸중(중풍)에 걸려 외부 활동을 중단했다.

1964 _ 미국 최고의 시민에게 주는 '자유의 메달'을 받았다.

1965 _ 뉴욕 세계 박람회에서 '전미 여성 명예의 전당'에 이름을 올렸다.

1968 _ 코네티컷의 집에서 88세의 나이로 세상을 떠났다.

삶은 고난으로 가득하지만 사람은 그 모든 고난을
극복할 수 있는 힘을 가지고 있습니다.
감사하게 생각하고, 남을 돕는 사람은
정말 행복한 사람입니다.

_ 헬렌 켈러

[초등 교과 연계] 국어 6학년 1학기

헬렌 켈러의
3일만 볼 수 있다면

초판 1쇄 2011년 11월 11일
개정판 1쇄 2017년 7월 30일
개정판 3쇄 2022년 10월 20일

원작 헬렌 켈러
엮은이 고정욱 | 그린이 이성희
펴낸이 이은엽 | 펴낸곳 도서출판 크래들

출판등록 2015년 12월 24일 | 등록번호 제 2015-000031호
주소 제주특별자치도 제주시 신대로 14길 24, 802호(연동, 드림아트빌)
전화 064-747-4988 | 팩스 064-747-4987
이메일 iobook@naver.com

값 13,000원
ISBN 979-11-88413-00-3 73840

ⓒ 고정욱, 2011

* 잘못 만들어진 책은 구입처에서 바꿔 드립니다.
저자와 출판사의 동의 없이 이 책의 글과 그림의 전부 또는 일부를 무단으로 사용할 수 없습니다.